ADRESSES

DE L'ASSEMBLÉE PROVINCIALE DU NORD DE SAINT-DOMINGUE,

Du 15 Juillet 1791,

A L'ASSEMBLÉE NATIONALE,

AU ROI,

AUX 83 DÉPARTEMENS,

ET

AU DIRECTOIRE DU DÉPARTEMENT DE LA GIRONDE,

Sur le Décret du 15 Mai, en faveur des hommes de couleur libres des Colonies.

Arreté de la même Assemblée, qui prend les hommes de couleur sous sa protection spéciale.

Lettres écrites par la même Assemblée, à ses Députés, pour accompagner l'envoi de ces Adresses et Arrêté.

A PARIS,

DE L'IMPRIMERIE NATIONALE.

1791.

N°. Ier.

COPIE de la lettre de l'Assemblée provinciale du nord de Saint-Domingue, à ses Députés extraordinaires auprès de l'Assemblée Nationale et du Roi.

Cap, ce 15 Juillet 1791.

MESSIEURS ET CHERS COMPATRIOTES,

Nous vous remettons ci-joint un exemplaire de nos adresses à l'Assemblée Nationale & au Roi; de notre circulaire aux quatre-vingt-trois départemens du royaume, & de notre réponse au directoire de la Gironde. Vous y verrez l'esprit de la province sur l'émission du décret du 15 Mai dernier; cet esprit est général parmi les propriétaires de la colonie; il seroit inutile de tenter de l'altérer, puisque ce décret fait crouler nos propriétés dans leurs bases.

Dans une crise aussi sérieuse, nous n'avons pas cru avoir d'autre parti à prendre que celui de convoquer à l'instant une assemblée coloniale à Léogane, pour le 20 de ce mois; ce vœu a été universellement accueilli, parce que d'après ce funeste décret, il n'existe plus qu'une opinion, qu'un seul esprit dans toute la colonie, celui d'une réunion générale, absolue & définitive.

A

Notre dernier arrêté, ci-joint, sur les gens de couleur, vous prouvera que nous avons tout réuni, pour calmer l'explosion de la première effervescence, & que nous avons su concilier avec les mesures propres à opérer la conservation de nos propriétés, les principes de sagesse, d'humanité & de justice que nous n'avons jamais cessé de manifester à cette classe d'hommes qui tient tout de nos bienfaits. Nous avons donc devancé, à cet égard, l'exécution des conseils que vous nous donnez par votre dépêche du 15 Mai dernier, & que nous recevons à l'instant. Vous y cherchez à verser le baume de l'espérance sur les plaies dont le décret du 15 nous a frappé, en nous flattant de le voir anéanti : puisse votre attente se réaliser !

La plus grande preuve de patriotisme qu'aient pu donner à la colonie nos représentans au Corps législatif, c'est sans contredit leur retraite subite après l'émission d'une loi aussi impolitique & aussi funeste; que d'immortelles actions de graces leur en soient rendues.

Faites réimprimer & distribuer avec profusion dans toutes les villes de manufacture & de commerce, la collection des dépêches ci-incluses. Il importe au bonheur de la Colonie, que tous ses habitans sachent que nous sommes tous perdus si le décret du 15 mai est exécuté ici. Nous sommes trop pressés par les circonstances, pour entrer aujourd'hui avec vous dans de plus grands détails, vous les connoîtrez par nos dépêches postérieures; tenez-nous exactement sur les avis qui peuvent nous intéresser, & ne doutez jamais du sincère & fraternel attachement avec lequel nous avons l'honneur d'être,

Messieurs & chers compatriotes,

Vos très-humbles serviteurs, &c.

Les membres de l'assemblée provinciale du nord de Saint Domingue.

Grenier, président; *Petit des Champeaux*, vice-président; *Bouyssou*, secrétaire.

N°. I I.

COPIE *de la lettre de l'assemblée provinciale du Nord,
aux députés de Saint-Domingue à l'Assemblée nationale.*

Cap, le 15 juillet 1791.

MESSIEURS ET CHERS COMPATRIOTES,

Nous recevons à l'inftant la lettre que vous nous avez fait l'honneur de nous écrire de Paris, le 17 mai dernier. Il part un navire demain pour France, & nous nous empreffons d'en profiter pour vous remettre, ci-joint, un exemplaire de nos dépêches, relativement à l'émiffion du décret concernant les gens de couleur libres. Vous y verrez l'impreffion que cette loi funefte a produite dans tous les cœurs.

Nous ne vous répéterons point ici, Meffieurs, ce que nous mandons à nos commiffaires, vous remettant, ci-joint, copie de la miffive que nous leur adreffons. Nous nous bornons à vous affurer que d'un côté nous nous conformerons exactement au contenu de votre lettre du 17 mai dernier, & que de l'autre, vous vous êtes acquis l'eftime, l'attachement & la reconnoiffance de la Colonie, en vous retirant de l'Affemblée nationale, du moment qu'elle a rendu le décret du 15 mai.

Pardonnez à la briéveté du tems qui refte à s'écouler jufqu'au départ du navire porteur de cette lettre, fi nous fommes exceffivement concis : nous vous ferons part de

A 2

tous les détails intéreffans, par nos miffives ultérieures ; vous pouvez y compter ; rendez-nous le réciproque.

Nous avons l'honneur d'être avec un fincère & bien fraternel attachement,

Meffieurs & chers Compatriotes,

Vos très-humbles & très-obéiffans ferviteurs,

Les membres de l'assemblée provinciale du nord de Saint-Domingue.

Collationné *, Paquot.*

N°. III.

ADRESSE *à l'Affemblée nationale , par l'affemblée provinciale du Nord de Saint-Domingue.*

MESSIEURS,

Le département de la Gironde nous a fait parvenir un décret qu'il nous écrit être émané de vous, & conçu en ces termes :

ARTICLE PREMIER,

décrété le 13 mai 1791.

« L'Affemblée nationale décrète, comme article conf-
» titutionnel, qu'aucune loi fur l'état des perfonnes non
» libres, ne pourra être faite par le corps légiflatif, pour

» les colonies , que fur la demande formelle & fpontanée
» des affemblées coloniales ».

A R t. I I , *décrété le 15.*

« L'Affemblée nationale décrète qu'elle ne délibérera
» jamais fur l'état des gens de couleur qui ne font pas
» nés de père & de mère libres, fans le vœu préalable ,
» libre & fpontané des Colonies; que les affemblées co-
» loniales actuellement exiftantes fubfifteront , mais que
» les gens de couleur , nés de père & mère libres, feront
» admis dans les affemblées paroiffiales & coloniales fu-
» tures , s'ils ont d'ailleurs les qualités requifes ».

La première nouvelle de ce décret a excité une fermen-
tation générale parmi les habitans de Saint-Domingue.
Nous avons voulu douter de fon exiftence , parce qu'il eft
funefte à la colonie & contraire à vos précédens décrets.
Il n'a encore pour nous aucune exiftence légale , parce
que rien ne nous affure qu'il foit accepté ; il n'eft point
arrivé officiellement ; il n'eft point promulgué , mais il a
à nos yeux une exiftence morale, parce qu'un des départemens nous affure qu'il a été rendu.

L'affemblée provinciale du nord de Saint-Domingue,
à qui fon patriotifme a mérité les remerciemens de la
nation dans votre décret du 12 octobre dernier, va vous
expofer avec franchife fes juftes follicitudes pour la colonie , au fujet du décret du 15 mai dernier.

En admettant les gens de couleur , nés de père & mère
libres, dans les affemblées paroiffiales & coloniales , vous
effacez la ligne politique qui féparoit les gens de couleur
des blancs , & vous détruifez par-là un intermédiaire né-
ceffaire à la confervation des Colonies.

Il faut dans les Colonies une claffe entre les blancs &
les efclaves, laquelle faffe envifager à ces derniers un efpace
immenfe entre eux & les blancs ; il faut même que les

esclaves ne puiffent concevoir l'efpérance de devenir jamais les égaux des blancs , & que leurs vœux n'ayent pour
objet que l'affranchiffement , à recevoir de la main de leurs
maîtres , comme un bienfait ou une récompenfe de leur
fidélité. Car , Meffieurs , le fentiment à imprimer à nos
efclaves doit être tel qu'il contienne fix cent mille noirs
dans la dépendance de foixante mille hommes libres.

C'eft par l'exiftence d'une claffe intermédiaire , que la
Colonie s'eft maintenue jufqu'à ce jour exempte de toute
infurrection des noirs.

La néceffité de cette claffe ne peut être appréciée en
Europe comme dans les Colonies , parce qu'elle tient à
mille nuances locales , parfaitement bien fenties , mais
trop difficiles à être repréfentées , infaififfables pour le rai-
fonnement ; en forte que la difcuffion la plus favante fur
ces objets éclaireroit moins qu'un très-court féjour dans
les Colonies.

En ôtant cet intermédiaire de l'organifation des Colonies , vous avez donc , par votre décret du 15 mai, brifé
le lien le plus fort de la fubordination des noirs.

Les défenfeurs de l'ariftocratie , les ennemis de la Conftitution ont entrevu , dans l'exécution de ce décret , la
fubverfion des Colonies , la deftruction du commerce, & ,
par contre-coup , la contre-révolution.

Une puiffance maritime , notre ennemie depuis tant de
fiècles , croit toucher au moment de recueillir le fruit de
fes machinations , & d'élever fon commerce fur les débris
du nôtre.

Quant à nous , nous avons confidéré votre décret comme
une victoire remportée par ceux qui dès long-temps ont
témoigné l'opinion que les Colonies font plus onéreufes
qu'utiles à la Métropole.

Mais de quel étonnement n'avons-nous pas été frap-
pés lorfque la lecture de ce décret nous a préfenté la violation la plus manifefte de la garantie nationale que vous

nous avez donnée par vos précédens décrets, & particulièrement par celui du 12 octobre dernier ; garantie *de ne décréter aucunes lois sur l'état des personnes dans la Colonie, que sur la demande précise & formelle des assemblées coloniales.*

Dans les premiers momens de la discussion sur les Colonies, vous avez reconnu que leur existence étoit nécessaire à la position de la Métropole.

Dans votre décret du 8 mars 1790, vous avez déclaré que, *quoiqu'elles fussent une partie de l'empire françois, cependant vous n'avez jamais entendu les comprendre dans la constitution décrétée pour le royaume, & les assujétir à des lois qui pourroient être incompatibles avec leurs convenances locales & particulières.*

Pénétrés de cette grande vérité, qu'une assemblée législative, par l'ignorance des localités, ne peut faire des lois convenables pour des Colonies distantes de dix-huit cents lieues de la Métropole, vous avez, dans votre même décret du 8 mars, & par l'article premier, autorisé chaque Colonie à faire connoître son vœu sur la constitution, la législation & l'administration qui conviennent à la prospérité & au bonheur de ses habitans.

Malgré que vous ayez décrété alors qu'il devoit y avoir une différence entre la constitution du royaume & celle des Colonies, & que vous aviez besoin des lumières & du vœu des assemblées coloniales pour leur donner une constitution, vous avez rendu le décret du 15 mai dernier comme une conséquence nécessaire des bases constitutionnelles décrétées pour le royaume ; vous avez tranché la plus importante question dans les Colonies, sans avoir connu le vœu d'aucune assemblée coloniale.

Vous avez prononcé sur l'état des personnes dans la Colonie, malgré que, dans votre décret du 12 octobre dernier, vous avez décrété que vous aviez annoncé dès avant la ferme volonté d'établir comme article constitu

A 4

tionnel , dans l'organifation des Colonies , *qu'aucunes lois fur l'état des perfonnes ne feroient décrétées pour elles que fur la demande précife & formelle des affemblées coloniales.*

Votre décret du 15 mai dernier viole donc l'engagement le plus folemnel & le plus important qu'au nom d'une nation on ait pris envers une Colonie ; vous détruifez la confiance des Colonies dans vos décrets.

Mais vous n'avez pu rendre , même régulièrement , ce décret , tant que vous n'avez pas révoqué ceux des 8 mars & 12 octobre 1790 qui lui font contraires ; n'étant point révoqués , ils fubfiftent ; puifqu'ils fubfiftent , ils doivent être exécutés.

Vous y avez pofé les fondemens de la profpérité des Colonies ; nous avons prêté le ferment d'y obéir. Nous trouvons dans le décret du 15 mai la ruine des Colonies ; nos preffentimens fur ces objets font les plus certains ; parce que notre intérêt eft le plus grand.

Placés entre vos deux décrets des 8 mars , 12 octobre 1790 , & celui du 15 mai dernier , qui leur eft contraire , nous renouvellons le ferment d'exécuter les deux premiers , & d'en maintenir l'exécution.

Nous vous follicitons , Meffieurs , de révoquer votre décret du 15 mai , parce qu'il porte atteinte à la fubordination des efclaves , & met la fureté de la Colonie dans le danger le plus imminent ; parce qu'il n'eft qu'une conféquenfe des bafes conftitutionnelles décrétées pour le royaume , tandis que vous avez reconnu la néceffité d'une différence entre fa conftitution & celle des Colonies ; parce qu'il prononce fur l'état des perfonnes dans la Colonie , tandis que nous avons votre garantie que vous ne prononcerez jamais fur l'état des perfonnes dans la Colonie , que fur la demande précife & formelle des affemblées coloniales , & parce qu'il eft contraire à vos précédens décrets non révoqués.

A tous ces motifs, nous en joignons un très-prochain : la première exécution de ce décret, si elle avoit lieu, seroit désastreuse pour la Colonie ; tous les cœurs sont ulcérés, les agitations dont nous sommes témoins peuvent amener une explosion générale, affreuse dans ses effets : alors nous n'avons à envisager qu'une résistance désespérée & un vaste tombeau dans la Colonie.

Que tous ces motifs fassent impression sur vous, Messieurs : alors, en même temps que vous serez les législateurs de l'empire, vous serez les véritables pères de la patrie.

Grenier, *Président.* Petit-Deschampeaux, *Vice-Président.* Bouyssou, Poulet, François de Chaumont, *Secrétaires.*

Nº. I V.

LETTRE de l'Assemblée provinciale du Nord de Saint-Domingue, au Roi des François.

S i r e ,

Vos enfans d'outre-mer, vos fidèles Colons de Saint-Domingue, portent au pied du trône leurs justes réclamations, & déposent, dans votre sein paternel, leurs craintes & leurs alarmes. La province du Nord de Saint-Domingue a jusqu'ici montré la soumission la plus respectueuse aux décrets concernant les Colonies, émanés du corps législatif, & sanctionnés par votre majesté ; & cette soumission lui a mérité les éloges les plus flatteurs de

la nation. Elle comptoit fur les promeffes réitérées confi-
gnées dans les décrets des 8, 28 mars & 12 octobre
1790, « de ne rien ftatuer fur l'état des perfonnes, que
» fur la demande précife & formelle des Colonies » ;
mais un nouveau décret du 15 mai, qui ne peut être
que le fruit de la furprife, de la cabale & de l'intrigue,
fait évanouir toutes nos efpérances, & nous plonge dans
la plus grande confternation. Ce décret, abfolument con-
tradictoire avec ceux qui l'ont précédé, porte :

« L'Affemblée nationale décrète qu'elle ne délibérera
» jamais fur l'état des gens de couleur, qui ne font pas
» nés de père & de mère libres, fans le vœu préalable,
» libre & fpontané des Colonies ; que les affemblées co-
» loniales actuellement exiftantes fubfifteront ; mais que
» les gens de couleur *nés de père & mère libres*, feront
» admis dans les affemblées paroiffiales & coloniales
» futures, s'ils ont d'ailleurs les qualités requifes ».

Nous nous abftiendrons de peindre à votre majefté
la fenfation terrible qu'a produit, dans cette ville, l'annonce de ce décret impolitique fous tous les rapports, &
les malheurs incalculables qui feroient la fuite de fa promulgation ; ils feroient tels, qu'ils entraîneroient bientôt
l'anéantiffement total de cette floriffante Colonie.

La profpérité de votre royaume, Sire, tient effentiel-
lement à celle des Colonies qui en font partie ; & celles-
ci ne peuvent fleurir qu'en maintenant la fubordination
la plus exacte dans les ateliers employés aux différens
genres de culture. Cette fubordination ceffera d'exifter du
moment que la ligne de démarcation qui fépare les blancs
des gens de couleur fera rompue, & que les uns & les
autres marcheront d'un pas égal.

L'ordre établi dans les Colonies, qu'on qualifie de préjugés , n'eſt point enfanté par l'orgueil , comme peuvent le penſer ces prétendus philoſophes, ſe diſant les apôtres de l'humanité ; il eſt dicté par la néceſſité , qui ne permet pas que les gens de couleur, procréés des eſclaves , puiſ-ſent jouir des mêmes droits que les blancs , & être con-fondus avec eux : ſi cet ordre indiſpenſable eſt anéanti, la ruine entière des Colonies ſuivra de près.

Voilà , Sire, ce que le corps légiſlatif avoit bien peſé dans ſa ſageſſe lors de ſes décrets des 8 , 28 mars & 12 octobre 1790 ; il avoit laiſſé aux Colonies le droit de faire leurs demandes préciſes & formelles ſur l'état des perſonnes , parce qu'il avoit ſenti que les convenances lo-cales ne pouvoient être bien appréciées que ſur les lieux : l'infraction & la violation de ces principes de juſtice & d'équité , qui réſultent du nouveau décret du 15 mai, deviennent la ſource des maux les plus affreux.

C'eſt en nous calomniant , que les philantropes ont pro-pagé leur doctrine ; ils nous repréſentent , à ceux qui ne connoiſſent pas les Colonies , comme les bourreaux de nos eſclaves , & les tyrans des gens de couleurs libres. L'humanité & notre intérêt nous portent à la conſerva-tion des premiers ; & les ſeconds ſont, comme tous les citoyens blancs , ſous la protection immédiate des lois, qui veillent à leur ſureté individuelle & à leurs proprié-tés.

Jetez , Sire , un regard de bonté ſur vos Colonies, vous les verrez peuplées de François qui vous chériſſent, & qui ont de grands droits à votre tendreſſe. Daignez accueillir favorablement leurs juſtes réclamations. S'il en eſt encore temps , prévenez les malheurs dont ils ſont menacés , en refuſant votre acceptation à un acte qui les occaſionneroit indubitablement ; & s'il en eſt revêtu , daignez interpofer votre autorité pour en arrêter la promulgation.

Nous fommes avec un profond refpect,

Sire,

De votre majefté,

Les très-humbles & fidèles ferviteurs, les membres de l'Affemblée provinciale du Nord de Saint-Domingue,

Grenier, Préfident; *Petit Defchampeaux*, Vice-Préfident; *Bouyffou*, *Poulet*, *François de Chaumont*, Secrétaires.

N° V.

ADRESSE de l'Affemblée provinciale du Nord de Saint-Domingue, aux quatre-vingt-trois départemens du royaume.

MESSIEURS ET CHERS COMPATRIOTES,

Nous avons l'honneur de vous remettre ci-joint un exemplaire de nos adreffes à l'Affemblée nationale & au roi, de notre circulaire aux places maritimes du royaume, & de notre réponfe au directoire du département de la Gironde.

Il feroit inutile fans doute, Meffieurs, de vous répéter ici les expreffions & le motif de ces différentes dépêches; ils y font fuffifamment développés. Il nous importe feulement, & à vous mêmes, puifque notre profpérité eft néceffairement liée à celle de l'état, de vous communiquer quelques obfervations qui nous doivent être également communes.

Le directoire du département de la Gironde, en nous annonçant l'enrôlement & le départ prochain de fes gardes nationales pour la Colonie, fous le prétexte de venir protéger notre repos, & pour appuyer l'exécution du décret du 15 mai dernier, nous apprend, d'une manière pofitive, qu'il les deftine à nous combattre, puifqu'il n'exifte pas un citoyen blanc dans la colonie, qui ne foit réfolu à ne pas accepter une loi entièrement deftructive de fes propriétés.

Il eft, Meffieurs, en droit politique, une vérité bien conftante; que toute loi, dont l'exécution eft précédée de la force, eft néceffairement vicieufe, & funefte au pays pour lequel la légiflature l'a créée.

Il eft une autre vérité non moins indeftructible; c'eft que lorfqu'une métropole ne veut régir fes Colonies que par le feul fentiment de fa puiffance, les cœurs des colons s'aliénent bientôt, & la chûte de l'empire fuit de près.

La Colonie de Saint-Domingue ne doute pas, que fi l'intention de la France eft de lui en impofer par les armes, elle n'y parvienne tôt ou tard : mais, qu'en réfultera-t-il ? une circulation annuelle de deux cent millions de moins dans le royaume, la perte de fon commerce & de fes manufactures, l'anéantiffement de fa marine, des débris & des ruines, là où l'activité de la culture la plus floriffante du globe vous fait tenir le premier

rang dans la balance politique de l'Europe, & est le premier aliment de votre opulence.

Le langage ferme & vrai que nous vous tenons ici,
est le cri d'une vérité déchirante, sans doute ; mais enfin
elle est telle. Quand les propriétés d'une section libre de
l'empire, qui en fait la splendeur & la force par ses richesses & sa fidélité, sont ébranlées jusques dans leurs fondemens, les larmes de l'amertume & les sanglots du désespoir doivent nécessairement s'exhaler.

Eh ! que devons-nous attendre de la patrie, Messieurs,
si nous ne pouvons pas compter sur la foi nationale ?
Lisez les décrets des 8, 28 mars & 12 octobre 1790 ;
lisez les rapports & les instructions qui les ont précédés ;
lisez les lettres officielles des présidens de l'Assemblée
nationale à la Colonie ; comparez-les avec le décret du 15
mai dernier, & jugez-nous....

Depuis l'époque de la révolution françoise, révolution
à laquelle nous avons concouru, par la représentation de
nos députés auprès du corps législatif, & dont nous de-
vons conséquemment recueillir les fruits avec vous, nous
n'avons cessé de dire à nos frères du continent : « Lais-
» sez-nous les maîtres de régir l'état des personnes dans
» la Colonie ; c'est une loi domestique, dont l'émission
» exclusive & spontanée intéresse essentiellement notre
» culture & notre existence. Que vous importe l'emploi
» & l'usage de ce privilège nécessité par nos localités ?
» Notre intérêt ici n'est-il pas celui de la France entière ?
» Pouvons-nous en avoir d'autres ? Et comment à dix-
» huit cents lieues de distance pouvez-vous juger du mé-
» rite & de l'effet d'une innovation qui désorganise tous
» les principes politiques d'une constitution locale, sous
» l'empire de laquelle la culture est parvenue à son dernier
» période d'accroissement & de prospérité » ?

Cependant, Messieurs, cette vérité impérieuse, ostenfible pour tous ceux qui connoiffent les Colonies, vos ennemis & les nôtres viennent de l'anéantir. Le décret du 15 mai dernier n'a pas été librement émis. Une galerie orageufe, fans connoiffance même élémentaire de notre régime intérieur, coalifée pour notre perte commune, a féduit, égaré, fubjugué le vœu jufqu'alors libre, éclairé & paternel des bienfaiteurs de la patrie.

Le fuccès du décret du 15 mai étoit la dernière reffource de l'ariftocratie. La contre-révolution étoit impoffible en France : il falloit donc l'effayer par les Colonies. Qui ne voit que, déchirées par l'effrayante perfpective de la deftruction totale & prochaine de leurs propriétés, le défefpoir des colons fera encore électrifé par la certitude que les rois & les princes de l'Europe ne faifiront avec avidité l'occafion affurée de démembrer le royaume, à l'inftant où il fe démunira de fes forces maritimes pour en impofer à fes poffeffions d'outre-mer ?

Si ce décret eft accepté, Meffieurs, il n'eft qu'un moyen de calmer nos craintes, & de ranimer notre confiance (... & elle ne s'étoit pas démentie depuis le berceau de la Colonie, & fur-tout depuis l'heureufe révolution qui s'eft opérée dans l'empire); c'eft de provoquer l'annihilation d'une loi, funefte, fous quelque point de vue politique qu'on l'envifage.

La lettre de cette loi porte qu'elle eft conftitutionnelle ; & fous ce rapport, elle eft au premier afpect infiniment refpectable ; mais ce premier afpect eft illufoire & vain, fi les quatre-vingt-trois départemens du royaume, auxquels nous adreffons nos juftes réclamations, donnent à leurs repréfentans au corps légiflatif, un mandat ad hoc de la retirer. Voilà, Meffieurs, le vrai & le feul moyen de déjouer fans retour les perfides manœuvres des ennemis de la révolution.

Alors vous rétablirez l'ordre & le calme dans toutes les parties de l'empire ; alors vous recevrez les bénédictions

univerfelles des Colonies ; alors leur amour, leur con‑
fiance, leur attachement à la mère-patrie vous donne‑
ront, aux quatre extrémités du globe, des frères dont le
zèle & la fidélité feront inaltérables ; des frères qui fe
facrifient fous un ciel brûlant, pour vous enrichir, &
contribuer avec vous à la profpérité de l'état, au refpect
dû au nom françois, leur plus chère & leur plus douce
efpérance.

Nous avons l'honneur d'être dans cette légitime attente,

Meffieurs & chers Compatriotes,

Vos très-humbles & très‑
obéiffans ferviteurs.

Les Membres de l'Affemblée provinciale du Nord.

Grenier, Préfident ; *Petit-Defchampeaux*, vice-Préfi‑
dent ; *Poulet* jeune, *Bouyffou*, Secrétaires.

RÉPONSE de *l'Affemblée provinciale du Nord de Saint-
Domingue à la lettre du directoire du département de
la Gironde.*

MESSIEURS,

Nous recevons avec votre lettre du 20 mai un exemplaire
de votre adreffe aux citoyens gardes nationales de votre dé-
-partement. La nouvelle du funefte décret du 15 mai avoit
précédé l'arrivée de votre dépêche, & nous avoit décidés
à réunir tous les corps civils & militaires patriotiques,
pour les informer de cette cataftrophe. La lecture de votre
lettre

lettre & de votre adreffe, à la fuite du décret, a continué dans l'affemblée, la plus nombreufe qu'ait encore vue la province du Nord, ce filence morne que produit l'excès de la douleur & de l'indignation. Les cœurs fe font cependant dilatés à l'annonce de la retraite de nos députés de l'Affemblée nationale : les applaudiffemens de leur conduite conféquente démontrent que vous les avez calomniés, en leur reprochant d'avoir calomnié nos intentions. Leur démarche nous prouve qu'ils ont pleinement juftifié notre confiance, & mieux apprécié que vous les fuites du décret, relativement aux difpofitions des colons, & au fort ultérieur du commerce.

Préfumant que cette première lettre terminera notre correfpondance avec vous, nous allons répondre à tous les paragraphes de la vôtre (1)

Les liens qui doivent unir tous les corps adminiftratifs de l'empire fuffiroient pour nous intéreffer à la fageffe des mefures que vous prendrez pour conferver l'ordre & le calme dans nos Colonies.

Les mefures de fageffe propres à la confervation de l'ordre ne peuvent pas être exclufivement les mêmes dans un empire dont les fections occupent partie des deux hémifphères. La difparité abfolue entre les inftrumens, les progrès & les réfultats de l'agriculture à Saint-Domingue & en France, fubftitueroient dans la Colonie la déraifon à la fageffe par l'identité des moyens pratiqués en France.

Les relations plus particulières qu'a ce département avec

---

(1) La copie exacte de la lettre du directoire fera en caractères italiques.

B

vous, notre commerce, fondé sur votre culture & sur votre prospérité, ajoutent encore à cet intérêt, & vous répondent, Messieurs, de notre zèle & de tous nos efforts pour le maintien de la paix, à l'ombre de laquelle vous accroissez chaque jour les richesses de l'État.

Ces relations devoient vous faire mieux calculer l'intérêt de votre commerce, lié jusqu'à présent avec la prospérité de notre culture ; & nous voyons avec peine que l'enthousiasme & l'irréflexion vous aient fait adopter la doctrine des Brissot, des Grégoire, des Péthion, des Lafayette, &c., dont le système, fondé sur l'ignorance de nos localités, opéreroit nécessairement, s'il étoit accueilli, avec la perte des Colonies, la ruine des places de commerce de France, & conséquemment une infaillible contre-révolution. Avouez, Messieurs, que les protestations de votre zèle & de vos efforts pour le maintien de la paix dans notre contrée, sont une promesse bien dérisoire ; nous dirons même insultante, si nous la rapprochons de votre adresse à vos concitoyens, dont vous trompez le zèle, en leur proposant de venir immoler au fanatisme de la philanthropie les blancs, auxquels vous avez vendu, à un très-haut prix, les pères de ceux que vous prétendez que nous reconnoissions pour nos co-législateurs & les vôtres.

L'Assemblée nationale, après avoir décrété tout ce qui peut assurer les propriétés de chaque citoyen dans toutes les parties de l'empire, vous a accordé l'initiative sur les gens de couleur non libres & sur les affranchis ; elle n'a prononcé sur l'état de ceux qui sont nés de père & de mère libres, que pour les assemblées futures, & elle a maintenu dans leur organisation actuelle celles qui existent à-présent.

L'Assemblée nationale avoit déclaré, le 12 octobre

(21)

dernier, que les Colonies auroient l'initiative fur l'état
des gens de couleur. D'après ce décret, celui du 13 mai
étoit au moins inutile, & celui du 15 fuivant, une violation révoltante de celui du 12 octobre.

*Voilà, Meffieurs, quels font les deux premiers articles
décrétes le 13 & le 15 de ce mois. Nous vous en adreffons des exemplaires conformes aux feuilles publiques les
plus authentiques.*

Nous attendons avec effroi pour vous & pour nous la
nouvelle du refus ou de l'acceptation de ce décret; mais,
quelle que foit la décifion du Roi, elle ne nous trou-
vera pas fans confeil pris fur l'alternative du facrifice ou
de la confervation de nos prérogatives, qui ont été jufqu'à
préfent, & feules pourront être la fauve-garde effentielle
de nos propriétés.

*Ce décret a été dicté par la prudence & par la fageffe.
La difcuffion a été longue. On y a tour-à-tour développé
les principes effentiels de la conftitution, ou plutôt ceux
de l'ordre & de la juftice, & les dangers auxquels vos
députés penfoient que les colonies & la commerce feroient
expofés, fi l'Affemblée légiflative prononçoit fur l'état des
gens de couleur.*

En prodiguant ainfi les qualifications de prudence &
de fageffe, vous n'avez pas prévu que la loi que vous
préconifez eft le fléau de nos fortunes, qui détruira néceffairement les vôtres. Le développement de la Conftitution *pour le royaume,* ne pouvoit avoir aucun rapport
avec la difcuffion du décret, puifque l'Affemblée nationale « a déclaré (le 8 mars 1790) qu'elle n'a jamais en-
» tendu comprendre les Colonies dans cette Conftitution,
» & les affujettir à des lois qui pourroient être incompa-

B 2

» tibles avec leurs convenances locales & particulières ».
D'après cette loi fanctionnée *très-librement*, & presqu'u-
nanimement prononcée, il appartenoit exclufivement aux
Affemblées coloniales d'expofer à l'Affemblée nationale
l'inconvenance & les dangers dont le détail eût fait
réjetter le projet du décret rendu le 15 mai.

*Ces dangers ont été préfentés avec toute la chaleur de
l'efprit de parti, avec toute la force des préjugés. Les
ennemis de la liberté ont défendu cette caufe ; ils ont faifi
avec empreffement ce moyen de conferver encore des privilèges & des exceptions, pour faire renaître un jour ceux
dont ils déplorent la perte.*

Il n'eft aucune analogie entre l'efpèce des privilèges &
exceptions que vous prétendez que les ennemis de la liberté ont voulu conferver en s'oppofant au décret, &
ceux dont l'abolition ravaleroit ici les blancs au niveau
des fils de leurs affranchis. La fuppreffion de la nobleffe
en France a fait rentrer un petit nombre de privilégiés
dans la claffe de leurs ancêtres, tandis que le décret
du 15 mai place les fils de nos efclaves dans une fphère
à la hauteur de laquelle nous n'avons jamais pu être pré-
fumés avoir voulu les élever en les affranchiffant.

*Lorfque ce décret a été rendu, vos Députés, égarés
par le zèle qu'ils croyoient devoir aux intérêts que vous leur
aviez confiés, ont calomnié vos intentions & celles du
commerce. Ils fe font retirés de l'Affemblée ; ils ont peint
les Colons au défefpoir, prêts à renoncer à leur patrie, &
le commerce anéanti, abjurant la Conftitution.*

La conduite de nos Députés, après ce décret, a provo-
qué les témoignages le plus vifs de la reconnoiffance de
la commune du Cap & des repréfentans de la province.

Leur retraite subite de l'Assemblée leur a été impérieusement commandée par la perspective effroyable du désespoir des Colons, de la subversion des Colonies, de l'annihilation de vos créances, de la ruine de votre commerce, & de la contre-révolution françoise. Il y a cette différence entr'eux & vous, Messieurs, que vous ne connoissez la Colonie que par l'opulence dont elle a couronné vos spéculations, sans avoir la première notion de la nécessité de laisser aux Assemblées coloniales le droit de modifier l'état des gens de couleur. Elles seules peuvent combiner ces modifications avec les autres parties de notre régime intérieur, qui, en fécondant nos travaux, a fait jaillir pour la France, & spécialement pour vous, une source de richesses qu'elle & vous en particulier semblez vouloir tarir.

Cependant, comment ont-ils pû croire avoir le droit de prononcer des lois auxquelles l'empire entier se soumettrait, tandis que pour la partie de cet empire qu'ils représentent, ils se refusent aujourd'hui aux décrets que la majorité prononce ?

La prétention de concourir à la formation des lois pour la France, a bien moins été l'objet de notre députation à l'Assemblée nationale, que la crainte trop bien justifiée de quelques motions dictées par l'ignorance de nos locacités, ou par les stipendiaires de la vengeance de l'Angleterre. Nos rapports commerciaux avec la France, & son influence protectrice sur nous, comme métropole, n'auroient subi aucune altération, si l'Assemblée nationale, en décrétant des lois pour le royaume, eût délégué aux Colonies le pouvoir de s'en créer, qui ne dérogeassent point aux grands intérêts politiques de l'empire. Notre prévoyance se trouvant déçue depuis le 15 mai, notre représentation y est devenue superflue.

B 3

Vous ne leur avez pas donné de pareils ordres.

Sur quoi hafardez-vous cette affertion ? Vous ont-ils communiqué leurs pouvoirs oftenfibles, & nos inftructions particulières ? Détrompez-vous, Meffieurs, s'ils n'avoient pas reçu de pareils ordres, ce n'eût été, fans doute, que parce que le motif en auroit paru chimérique.

Fidèles à votre patrie , vous avez juré d'en refpecter les lois.

Nous le jurons encore, pourvu que ces lois, d'accord avec celle du 12 octobre, n'anéantiffent pas le fruit de nos travaux, mis, le 8 mars précédent, fous la fauvegarde fpéciale de la nation.

Le commerce , animé du patriotifme le plus pur , compte trop fur l'énergie de ce fentiment dans vos cœurs , pour partager les craintes qu'on cherche à répandre.

Nous avons jugé le défintéreffement & la pureté de votre patriotifme, d'après votre zèle à prévenir l'abolition de la traite. Vos commerçans ont calculé que leurs fpéculations très-lucratives fur la côte d'Afrique, devoient enchaîner leur patriotifme jufqu'après la vente de leurs efclaves ; qu'alors un nouveau genre d'intérêt exigeoit qu'ils en déployaffent toute l'énergie en faveur de partie de ces mêmes efclaves, qui devenant affranchis , & par fuite du décret, pères de ceux qu'on veut rendre nos égaux, augmenteront la confommation de leurs cargaifons. De-là , oui de-là, Meffieurs , la différence de votre conduite fur les deux motions concernant la traite des noirs & l'état des gens de couleur. Delà le principe de notre opinion fur le patriotifme du commerce, que nous n'avons

jamais vu que fous les couleurs de l'égoïfme. — Si le fan=
tôme de la philantrhopie émeut affez votre fenfibilité pour
rendre les enfans de nos efclaves nos égaux & les vôtres,
que n'allez-vous recueillir en Afrique leurs familles éparfes,
pour leur procurer en Europe les avantages dont vous
trouvez naturel qu'ils jouiffent dans les Colonies ? Nous
ignorons l'efpèce des craintes que l'on cherche à répandre ;
mais nous vous affurons que celles qui nous affectent, nous
rendent inacceffibles à toute autre crainte.

Vous rendrez juſtice aux principes qui ont dicté ce décret.

Nous l'avons déjà fait, en l'attribuant à l'ignorance
toujours fanatique, ou à l'activité dévorante de la cupi-
dité falariée par la vengeance & la politique des rivaux
de la France (1) ; ou enfin à la fatalité d'une provo-
quante verfatilité.

Vous en affurerez l'exécution.

Vous êtes bien perfuadés du contraire, puifque vous
recrutez des citoyens armés pour venir y préfider. Pour
ftimuler leur zèle meurtrier, vous copiez les impof-
tures les plus groffières de nos ennemis : vous annoncez
après eux, « que les gens de couleur forment la partie
» la plus nombreufe de la population des Colonies en
» hommes libres ; qu'ils font les feuls dans nos climats

---

(1) Les lois angloifes ont imprimé généralement à la claffe
des hommes de couleur libres un caractère d'infériorité : fa pofition
eft un état intermédiaire entre l'efclavage & la liberté originaire ; &
par un bill du mois de feptembre 1774, il a été décidé qu'aucun
nègre, mulâtre ou métis libre, ne pourra voter à l'élection du re-
préfentant de fa paroiffe dans l'affemblée générale de la Colonie.
Hiſt. philoſop. & politique, par G. T. Raynal, tome VII, pag. 322,
23 & 24.

» dont le nombre s'accroît de lui-même ; que nés sur le
» sol qu'ils cultivent , c'est eux qui sont faits par la na-
» ture pour le défendre ». La première de ces assertions
est un fait dont la fausseté , révoltante par l'excès de l'exa-
gération , peut vous être certifiée par vos capitaines & vos
agens , indépendamment des recensemens généraux des
Colonies : la seconde est ridicule , puisque contre l'évi-
dence , elle nie la reproduction de la population des
Blancs dans ces mêmes Colonies. Les Créoles blancs ,
aujourd'hui très-nombreux , & nos co-propriétaires nés en
France , sont à coup sûr plus faits pour défendre notre
sol avec succès , que les Créoles de couleur libres , aussi
impuissans par la modicité de leur population , que par
celle de leurs propriétés & de leurs moyens.

*Vous combattrez , par la raison & par la sagesse de
votre administration , le délire des préjugés & les manœuvres dangereuses qui pourroient troubler la paix de
l'empire.*

Reposez-vous sur nous du choix des moyens que nous
employerons pour combattre le délire des préjugés nés
de l'imposture & de la manie de l'innovation. Si les trou-
bles dont vous nous avez envoyé le germe , refluent sur
tout l'empire , les victimes n'en pourront accuser que les
premiers auteurs.

*Voilà , Messieurs , l'espoir de vos frères de France. Cet
espoir ne sera pas trompé.*

Vous serez véritablement nos frères , si vous vous joi-
gnez à nous pour faire retirer le décret du 15 mai. Voilà
notre espoir ; sans cela , tout est perdu.

On n'abjure pas sa patrie quand elle est libre, & quand des lois de justice & de sagesse assurent sa prospérité.

Le principe est vrai, mais malheureusement il ne nous est pas applicable. Nous ne goûterons jamais les fruits de la liberté, tant qu'il existera un décret qui met nos propriétés en danger.

Cimentez avec nous une nouvelle union.

Notre nouvelle union dépendra de vos démarches ultérieures.

Nos citoyens s'empressent à s'inscrire pour aller vous offrir leurs services & leurs secours, si votre tranquillité étoit troublée.

Des lettres de vos citoyens prouvent au contraire qu'on en inscrit avant de connoître leur vœu. Ce procédé extraordinaire à tous égards, nous surprend d'autant plus de votre part, qu'il est un acte de désobéissance au décret de l'Assemblée nationale, qui défend à tous corps administratifs d'exécuter un décret avant sa sanction & sa promulgation ; formalités constitutionnelles dont vous ignoriez l'existence pour le décret du 15 mai, puisque vous nous annoncez n'en avoir connoissance que par les papiers publics.

Comptez sur leur ardeur & sur leur zèle.

Nous sommes bien convaincus d'avance que l'un & l'autre seront paralysés, quand ils verront où, pour, & contre qui vous les envoyez combattre.

Comptez sur notre dévouement, & recevez-en, Messieurs, les assurances les plus sincères.

Nous l'apprécions fous tous fes rapports, & recevez, Meffieurs, les affurances les plus fincères.

GRENIER, *Préfident ;* PETIT DESCHAMPEAUX, *vice-Préfident ;* BOUYSSOU, *Secrétaire ;* F. DE CHAUMONT, *Secrétaire ;* POULET, *Secrétaire.*

N°. V I I.

EXTRAIT *des regiftres des délibérations de l'affemblée provinciale permanente du Nord.*

Séance du 6 juillet 1791.

L'affemblée provinciale du Nord, inftruite que plufieurs gens de couleur, de tout âge & de tout fexe, s'étoient précipitamment retirés de cette ville, & que d'autres pourroient s'abfenter de leurs quartiers refpectifs, a cru dans fa fageffe qu'elle devoit aller au-devant des fuggeftions & des confeils perfides dont on pourroit chercher à empoifonner des efprits faciles à féduire, pour les écarter par-là de leurs devoirs :

A ARRÊTÉ & ARRÊTE, que prenant plus fpécialement les gens de couleur libres fous fa protection immédiate, elle les exhorte à revenir dans cette ville & dans leurs quartiers refpectifs, & de continuer à fe renfermer dans l'obfervation des lois, & à regarder tous les blancs comme leurs bienfaiteurs, leurs protecteurs & leurs pères, les affurant que ce ne fera jamais qu'à ces titres qu'ils obtiendront d'eux librement les marques de bienveillance que leur méritera leur attachement.

Arrête en outre que le préfent fera imprimé, publié & affiché par-tout où befoin fera, & que copies en feront adressées à toutes les paroisses, avec invitation de les faire publier & afficher.

Donné en séance le 6 juillet 1791.

Signé au registre, Brossier, *Président*. Loir, *Vice-Président*. Bouyssou, *Secrétaire-perpétuel*. Poulet, *Secrétaire-adjoint*.

Pour copie conforme aux originaux ; Paris, ce 31 Août 1791,

Les Députés extraordinaires de la province du Nord de Saint-Domingue,

Signé, DESTANDAU, DE LADEBAT.